Carottes, je vous aime...
de Québec à New Delhi

Du même auteur

Courgettes, je vous aime..., Ed. Le Sureau, 2002.

www.lesureau.com
www.adverbum.fr

© **Éditions Le Sureau, 2003**

04340 Méolans-Revel

ISBN 2-911328-08-6

Béatrice Vigot-Lagandré

Carottes, je vous aime...
de Québec à New Delhi

Illustrations de Colette Lagandré

Sommaire

Préface

Ce midi, carottes râpées ! Bof…
Les carottes évoquent pour vous les repas tristounets de la cantine (ah ! le fameux bœuf carottes filandreux et sans saveur, et les sempiternelles carottes râpées baignant dans une vinaigrette peu engageante…) ?
Vous les associez aux remèdes pour estomacs barbouillés, contrariés et repus des lendemains de fête ?
Vous êtes las des carottes bouillies ou Vichy ?
Alors ce livre est fait pour vous réconcilier avec ce légume aux multiples vertus et à la saveur si délicate !
Je vous propose, par ces recettes originales, une épopée gastronomique à travers la France et quelques escales dans différents pays, des Amériques à l'Asie en passant par l'Afrique et le Moyen-Orient.

Petite histoire des carottes

La carotte (du latin *daucus carota*) est un des légumes les plus cultivés au monde, et cela depuis des siècles.
Elle était cultivée par les Grecs et les Romains, notamment pour ses vertus médicinales, et était connue depuis longtemps en Asie. Sa couleur se rapprochait alors du blanc et n'avait pas grand-chose à voir avec le légume que nous connaissons aujourd'hui. La légende rapporte que la carotte changea de teinte à cause d'un jeune chrétienne assassinée alors qu'elle épluchait des carottes, son sang ayant coloré en rouge le légume à l'origine blanc…

9

Apportée par les Arabes, la carotte a probablement migré vers l'Espagne aux alentours du VIIe siècle mais, peu appréciée, elle n'a commencé à être réellement cultivée en Europe qu'à partir du XVIe siècle, en Hollande plus précisément, pour devenir très populaire vers la fin du XIXe siècle en France. Des variétés plus fines ont alors été mises au point, notamment en Angleterre, en Hollande et en France. Aujourd'hui, c'est l'un des légumes les plus cultivés.

Deux ou trois conseils…

Issues de la famille des ombellifères, les carottes se déclinent en de nombreuses variétés : carotte blanche en Asie, rouge en Egypte, longue au Japon, orangée en Europe.

Vous pourrez réaliser les recettes de cet ouvrage toute l'année.

La période la plus faste va d'avril à août : les carottes nouvelles (ou primeur) en bottes, vendues avec leurs fanes, ont un goût inimitable ! Croquantes, elles ne s'épluchent pas mais se grattent simplement, et doivent être mangées rapidement puisqu'elles ne devraient être conservées que deux jours au réfrigérateur.

D'août à fin décembre, les carottes sont dites *de saison* et, de janvier à avril, *d'hiver*. Elles sont vendues en vrac, se conservent plus longtemps au réfrigérateur et supportent très bien la congélation.

Les vertus multiples et incontestées de la carotte…

On ne le répétera jamais assez : pour garder la forme, mangez des légumes… et mangez des carottes !

La carotte est un légume aux vertus nutritives incomparables, riche en provitamine A, vitamines B1, B2, B3, B5, B6, C, E, fibres et potassium. Légume santé par excellence, la carotte a un apport énergétique modéré et sera donc la bienvenue pour tous ceux qui surveillent leur ligne. C'est une très bonne source de bêta-carotène aux propriétés antioxydantes reconnues.

Les Grecs avaient déjà, à juste titre, découvert de multiples vertus médicinales à la carotte.

Vous savez tous qu'elle améliore la vision. Mais ce n'est pas tout !

Elle contribuerait à prévenir certains cancers et aiderait à lutter contre la fatigue et les états infectieux.

Elle traite les troubles intestinaux, exerce une action favorable sur le foie, s'avère dépurative, diurétique, cicatrisant intestinal, apéritive… et la liste n'est pas exhaustive.

Utilisée en masque, elle donnerait même une nouvelle fraîcheur à la peau.

Une cuisson rapide permettra de préserver toutes ses valeurs nutritives.

Toutefois, la cuisson contribue à libérer le bêta-carotène de ses cellules fibreuses, et en facilite l'absorption.

Sa teneur en sucre la prédestine à tous types de recettes.

Bref, vous l'aurez compris, les carottes sont une véritable mine d'or et peuvent s'accommoder de mille façons, du potage crémeux au gâteau à la saveur subtile.
Voici donc quelques idées de plats simples et savoureux, issus des quatre coins de la planète. A vos casseroles !

Mesures et équivalences
cc = cuillère à café
cs = cuillère à soupe
1 cc en France = 5 g = 1 c à thé au Canada
1 cs = 15 g
1 tasse à café = environ 100 g = 3 onces
1 tasse à thé = de 120 g à 150 g = environ 4 à 5 onces
1 tasse à petit déjeuner = environ 250 g = 250 ml = 8 onces
100 g = 3 onces
10 cl = environ 3,5 onces

Sauf indication contraire, les quantités indiquées sont pour quatre personnes.

Entrées

Velouté de carottes à la coriandre

Préparation : 10 min

Cuisson : 40 min

Ingrédients

600 g de carottes
2 pommes de terre
1 cube de bouillon de poule
15 grains de coriandre
sel et poivre

Eplucher et laver pommes de terre et carottes.
Les couper en gros morceaux et les déposer dans une casserole.
Ajouter le bouillon de poule, les grains de coriandre écrasés, saler, poivrer, recouvrir d'eau et faire cuire 40 min.
Mixer avant de servir bien chaud.

Crème de carottes

Préparation : 15 min

Cuisson : 40 min

Ingrédients

800 g de carottes
1 oignon
1 gousse d'ail
1 litre de bouillon de poule
20 g de beurre
5 cl de crème fraîche
sel et poivre

Eplucher et laver les carottes.
Dans une casserole, faire revenir l'oignon émincé dans le beurre chaud.
Ajouter les carottes en rondelles puis l'ail dégermé et émincé.
Arroser avec le bouillon, faire bouillir puis baisser le feu et laisser cuire pendant 40 min à feu doux.
Mixer et ajouter la purée de tomates.
Verser la crème dans une soupière puis incorporer petit à petit la soupe en mélangeant bien et servir bien chaud.

Variante

Ajouter 1 cs de purée de tomates.

14

Crème de carottes à l'orange

Préparation : 15 min

Cuisson : 40 min

Ingrédients

800 g de carottes
1 orange
2 cs de crème
1 filet d'huile d'olive
1 oignon
sel et poivre

Eplucher et laver les carottes puis les couper en rondelles.
Prélever le zeste de l'orange, et réserver.
Faire suer l'oignon émincé dans l'huile puis ajouter les rondelles de carottes.
Couvrir d'eau et laisser cuire pendant 40 min environ. Saler, poivrer et mixer le tout.
Incorporer le jus d'orange et ajouter la crème.
Au moment de servir, parsemer de zestes d'orange découpés en fines lanières.

Potage aux carottes et au potiron

Préparation : 15 min

Cuisson : 40 min

Ingrédients

4 carottes
600 g de potiron
2 pommes de terre
1 oignon
crème fraîche à volonté
1 cc de gingembre en poudre
1 filet d'huile d'olive
sel et poivre

Eplucher et laver potiron, pommes de terre et carottes.
Faire suer l'oignon dans l'huile d'olive.
Couper les légumes en gros morceaux et les déposer dans une casserole. Ajouter le gingembre en poudre, saler, poivrer, recouvrir d'eau et faire cuire 40 min.
Mixer et ajouter la crème avant de servir bien chaud.

Panaché de carottes et de pommes

Préparation : 10 min

Cuisson : 10 min

Ingrédients

600 g de carottes
2 pommes moyennes
1 jus de citron
1 gousse d'ail
2 cs d'huile d'olive
1 cs de vinaigre
sel et poivre
quelques noix

Éplucher et laver les pommes et les carottes.
Les râper finement et arroser le tout de jus de citron.
Faire chauffer l'huile d'olive dans une poêle et y faire cuire le mélange carottes-pommes pendant 10 min.
Saler et poivrer.
Laisser tiédir avant d'assaisonner avec une vinaigrette à l'huile d'olive.
Parsemer de noix hachées avant de servir.

Salade de carottes Veracruz (Mexique)

Préparation : 10 min

Pas de cuisson

Ingrédients

4 carottes
15 cl de jus d'orange
1 orange
20 g de raisins secs
2 cs de tequila
3 cc de sucre

Éplucher, laver et râper les carottes.
Mélanger tous les ingrédients et laisser mariner au moins 1 h au réfrigérateur.
Décorer avec quelques tranches d'orange pelées à vif.

Salade de carottes à l'orange et au pamplemousse

Préparation :10 min

Pas de cuisson

Ingrédients
600 g de carottes
1 citron
1 pincée de sucre
1 orange
1/2 pamplemousse
2 cs d'huile d'olive
sel et poivre

Eplucher et laver les carottes avant de les râper.
Laver l'orange et le pamplemousse puis prélever leur zeste que l'on découpera en fines lanières (penser à ôter la peau blanche qui rend le zeste amer).
Découper des quartiers de fruits à vif.
Déposer les carottes et les fruits dans un saladier.
Arroser de jus de citron et bien mélanger en incorporant le sucre et l'huile d'olive.
Saler, poivrer.
Décorer avec les quartiers et les zestes d'orange et de pamplemousse avant de servir bien frais.

Salade de carottes et de pommes au raifort (Pologne)

Préparation :10 min

Pas de cuisson

Ingrédients
600 g de carottes
1 pomme
1 à 2 cs de raifort
1/2 citron ou 1 cc de sucre
1 yaourt
sel et poivre
persil

Eplucher et laver les carottes et les pommes avant de les râper.
Saler, poivrer, ajouter le yaourt puis le raifort petit à petit en mélangeant bien.
Ajouter le jus de citron ou un peu de sucre selon le goût.
Parsemer de persil ciselé avant de servir.

Salade de carottes et de soja
(océan Indien)

Préparation :10 min

Pas de cuisson

Ingrédients
- 600 g de carottes
- 150 g de germes de soja
- 1 poignée de cacahuètes grillées
- 2 cs d'huile d'olive
- 1 cs de vinaigre
- sel et poivre

Eplucher et laver les carottes avant de les râper.

Egoutter les germes de soja.

Mélanger les carottes et le soja puis saupoudrer de cacahuètes grillées et grossièrement écrasées.

Préparer la vinaigrette avec le sel, le poivre, le vinaigre et l'huile d'olive et verser sur la salade.

Variante

Ajouter des lanières de poulet.

Salade de carottes (Maroc)

Préparation : 20 min

Cuisson : 4 min

Ingrédients
- 600 g de carottes
- 1 citron
- 2 cs huile d'olive
- 10 grains de coriandre
- un peu de persil
- 1 gousse d'ail
- sel et poivre

Eplucher, laver et couper les carottes en rondelles.

Les faire cuire 4 min à l'autocuiseur.

Déposer les rondelles de carotte dans un saladier et arroser d'un jus de citron.

Verser l'huile d'olive, saler, poivrer.

Parsemer de grains de coriandre écrasés, d'ail haché et de persil.

Laisser mariner au réfrigérateur avant de servir frais.

Salade de carottes aux oranges, pignons et pistaches (Maroc)

Préparation : 20 min

Pas de cuisson

Ingrédients

600 g de carottes
50 g de pignons de pin
50 g de pistaches
1/2 citron
1 orange
2 cs d'huile d'olive
sel et poivre

Eplucher, laver et râper les carottes. Peler les oranges et les couper en quartiers. Ecraser grossièrement les pistaches. Dans un saladier, mélanger les carottes, les quartiers d'orange, les pignons et les pistaches. Assaisonner avec une sauce préparée avec le citron, le sel, le poivre et l'huile d'olive.

Petits flans de carottes

Préparation : 30 min

Cuisson : 40 min

Ingrédients

800 g de carottes
15 cl de lait
10 g de beurre
1 pincée de muscade
1 morceau de sucre
2 œufs
quelques brins de cerfeuil
sel et poivre

Eplucher, laver et couper les carottes en rondelles. Porter une grande quantité d'eau additionnée de sucre à ébullition et y jeter les carottes. Laisser cuire 15 min puis égoutter. Hacher la moitié des carottes. Battre les œufs entiers avec le lait et ajouter les carottes hachées. Saler, poivrer, ajouter une pointe de muscade. Beurrer quatre ramequins et tapisser le fond et les bords avec les rondelles de carotte. Remplir avec la préparation et faire cuire au four, thermostat 180°C, pendant 25 min. Parsemer de cerfeuil et servir.

Salade de chou aux carottes (Grèce)

Préparation : 20 min

Cuisson : 10 min

Ingrédients
400 g de carottes
400 g de chou de Milan
3 cs d'huile d'olive
1 citron
1 cc de miel
2 œufs
quelques olives noires
sel et poivre
persil

Gratter les carottes, les laver et les râper.
Laver le chou et le découper en lanières.
Mettre les légumes dans un saladier et parsemer de persil.
Faire durcir les œufs, puis les couper en quartiers et les ajouter à la salade.
Préparer la sauce : mélanger le jus de citron, le sel, le poivre, le miel et l'huile.
Verser sur la salade et décorer avec les olives.

Salade de carottes aux raisins secs

Préparation : 10 min

Cuisson : 25 à 30 min

Ingrédients
600 g de carottes
1 oignon
1 citron
50 g de raisins secs
1 pincée de cannelle
1 cc de curcuma
1 cs de miel
quelques feuilles de coriandre fraîche

Peler les carottes et l'oignon puis les couper en rondelles.
Déposer dans une casserole avec les raisins secs et le citron, recouvrir d'eau et laisser mijoter 20 min environ.
Ajouter alors le miel et les épices puis laisser cuire 5 à 10 min.
Laisser tiédir, parsemer de coriandre ciselée et servir.

Carottes à la martiniquaise

Préparation : 10 min

Pas de cuisson

Ingrédients

500 g de carottes
2 bananes
1 citron
2 cs de crème
sel et poivre
quelques feuilles de persil

Eplucher et râper les carottes et les ajouter aux bananes coupées en rondelles.

Dans un bol, mélanger la crème, le jus de citron, le sel et le poivre.

Napper la salade de cette sauce et parsemer de persil avant de servir.

Carottes au cumin (Algérie)

Préparation : 20 min

Cuisson : 25 min

Ingrédients

800 g de carottes
3 cs d'huile d'olive
3 à 4 gousses d'ail
selon le goût
1 cc de cumin
1 cc de paprika
2 cs de vinaigre
sel et poivre

Eplucher et couper les carottes en bâtonnets.

Les déposer dans une casserole et recouvrir d'eau. Ajouter l'huile d'olive, les gousses d'ail hachées, le cumin, le paprika et le vinaigre. Saler et poivrer.

Faire bouillir puis laisser mijoter pour faire réduire la sauce.

Laisser reposer au réfrigérateur avant de servir bien frais.

Salade de carottes à l'orange (Maroc)

Préparation : 15 min

Pas de cuisson

600 g de carottes
2 cs d'huile d'olive
2 oranges
1 cs d'eau de fleur
d'oranger
1 citron
sel et poivre

Eplucher et râper les carottes.
Les déposer dans un saladier et arroser de jus de citron et d'eau de fleur d'oranger. Verser un filet d'huile d'olive. Saler et poivrer. Peler les oranges à vif et les découper en tranches.
Mélanger délicatement aux carottes et servir bien frais.

Variante

Au lieu des quartiers d'orange, incorporer seulement le jus.

Soupe glacée de carottes (Etats-Unis)

Préparation : 20 min (à l'avance)

Cuisson : 40 min

Ingrédients

700 g de carottes
1 pomme de terre
1 petit oignon
10 g de beurre
1/2 yaourt
1 cube de bouillon de volaille
quelques feuilles de cerfeuil
quelques feuilles de persil plat
1 pincée de noix de muscade
sel et poivre

Eplucher les carottes, l'oignon et la pomme de terre.
Dans une casserole, faire revenir l'oignon émincé dans le beurre.
Ajouter les morceaux de carottes et de pommes de terre.
Ajouter le bouillon de volaille, recouvrir d'eau, saler, poivrer, ajouter une pointe de muscade et laisser cuire pendant 40 min.
Mixer et laisser refroidir. Ajouter alors le yaourt battu puis les herbes.
Mettre au réfrigérateur pendant au moins 2 h avant de servir très frais.

Tarte aux carottes

Préparation : 20 min

Cuisson : 40 min

Ingrédients

250 g de farine
100 g de beurre
600 g de carottes
3 oignons
3 œufs
1 cs d'huile
50 g de parmesan
25 cl de lait
quelques feuilles de coriandre
4 cs de crème fraîche
sel et poivre

Préparer la pâte brisée : verser la farine et le sel dans un saladier puis ajouter le beurre mou en petits morceaux.

Pétrir et former une boule ; laisser reposer avant d'étaler et de foncer un moule à tarte.

Peler et laver les carottes et les râper. Emincer les oignons puis les couper en rondelles.

Faire chauffer l'huile dans une poêle et faire revenir carottes et oignons pendant 5 min. Ajouter la coriandre ciselée.

Battre les œufs et ajouter lait, crème et parmesan puis les carottes et les oignons. Saler, poivrer et verser cette préparation sur le fond de tarte. Faire cuire 35 min au four, thermostat 180°C.

Plats

Soufflé aux carottes

Préparation : 20 min

Cuisson : 40 min

Ingrédients
800 g de carottes
10 cl de crème fraîche
2 cs de maïzena
20 cl de lait
50 g de beurre
4 œufs
50 g de parmesan
sel et poivre

Eplucher et laver les carottes puis les faire cuire à l'autocuiseur environ 10 min avant de les passer au moulin à légumes.
Séparer les blancs des jaunes et battre les blancs en neige. Réserver.
Dans une casserole, délayer la maïzena dans le lait et faire épaissir sur feu doux. Saler, poivrer et ajouter la crème puis le beurre mou en petits morceaux.
Incorporer la purée de carottes, le parmesan râpé, les jaunes d'œuf puis les blancs battus et verser la préparation dans un moule à soufflé.
Faire cuire au four, thermostat 160/ 170°C, pendant 30 à 35 min.

Soufflé de carottes (Ukraine)

Préparation : 20 min

Cuisson : 45 min

Ingrédients
8 carottes
4 œufs
30 g de beurre
1 cs de crème fraîche
1 cs de fromage blanc
6 cs de lait
sel et poivre

Hacher les carottes et les faire sauter dans le beurre quelques instants.
Ajouter le lait et laisser cuire à feu doux pendant 15 min.
Incorporer la crème, le fromage blanc puis les jaunes d'œuf.
Battre les blancs en neige et les incorporer délicatement à la préparation.
Saler, poivrer et verser dans un moule à soufflé.
Faire cuire 30 min au four, thermostat 150°C.

Stoemp (Belgique)

Préparation : 30 min

Cuisson : 30 min + 30 min

Ingrédients

500 g de pommes de terre
8 carottes
2 blancs de poireaux
1 oignon
30 g de beurre
50 g de lardons
1 cc de sucre
sel et poivre

Le stoemp, spécialité bruxelloise, peut être préparé à partir de légumes variés. Le principe est d'écraser les légumes pour obtenir une purée qui ne doit surtout pas être lisse ni onctueuse.

Eplucher et laver les légumes puis les couper en gros morceaux.

Faire fondre 20 g de beurre dans une casserole, ajouter les poireaux et faire revenir quelques instants. Mouiller aux 2/3 puis ajouter les pommes de terre et faire cuire à couvert pendant 30 min.

Dans une autre casserole, faire revenir les oignons dans le reste du beurre puis ajouter les carottes et couvrir d'eau. Saler, ajouter le sucre puis laisser cuire pendant environ 30 min jusqu'à ce que les légumes soient bien tendres.

Faire revenir (sans matière grasse) les lardons dans une poêle.

Egoutter les légumes, mélanger le tout, saler, poivrer, et écraser à la fourchette.

27

Pirojki de carottes (Russie)

Préparation : 30 min

Cuisson : 40 min

Ingrédients

250 g de pâte feuilletée
500 g de carottes
3 œufs durs
1 jaune d'œuf
50 g de beurre
un peu de persil
quelques brins de ciboulette
sel et poivre

Eplucher et laver les carottes puis les couper en julienne et faire blanchir pendant 5 min.

Hacher les œufs durs et réserver.

Dans une casserole, faire fondre le beurre et y faire revenir les carottes, le persil, la ciboulette et les œufs pendant 5 min. Saler et poivrer.

Abaisser la pâte feuilletée et découper des disques de 10 cm de diamètre.

Sur chaque disque, déposer de la farce et replier pour former un chausson.

Souder les bords et badigeonner avec un jaune d'œuf.

Faire cuire 30 min au four, thermostat 180°C.

Gratin de carottes (Egypte)

Préparation : 30 min

Cuisson : 35 min

Ingrédients

800 g de carottes
4 œufs
1 cc de farine
1 cc de cerfeuil
sel et poivre

Eplucher et laver les carottes puis les couper en morceaux et faire cuire dans l'eau bouillante pendant 20 min.

Bien égoutter puis mixer. Ajouter la farine puis les jaunes d'œuf.

Saler, poivrer, incorporer les blancs battus en neige.

Verser dans un plat à four et faire cuire au four, thermostat 180°C, pendant 15 min.

Parsemer de cerfeuil haché et servir.

Poulet aux carottes (Maroc)

Préparation : 30 min

Cuisson : 1 h

Ingrédients

1 poulet
1 kg de carottes
4 gousses d'ail
1 citron
2 cs d'huile d'olive
1 cc de sucre
1 cc de curcuma
1/2 cc de muscade
sel et poivre

Couper le poulet en morceaux.
Enduire les morceaux avec la moitié du curcuma, le sel, le poivre. Faire chauffer un filet d'huile d'olive dans une cocotte et faire revenir les morceaux de poulet sur toutes leurs faces.
Eplucher, laver et couper les carottes en bâtonnets. Les mélanger avec le reste de curcuma, le poivre, le sel, la muscade et l'ail dégermé et écrasé. Faire chauffer le reste d'huile d'olive dans une poêle, y faire revenir les carottes puis les incorporer dans la cocotte avec le poulet.
Arroser d'un verre d'eau et faire mijoter à feu doux pendant 1 h environ.
En fin de cuisson, arroser avec le jus de citron et servir.

Flan de carottes et d'épinards (Italie)

Préparation : 30 min

Cuisson : 1 h

Ingrédients

600 g de carottes
800 g d'épinards
30 cl de lait
50 g de farine
50 g de beurre
1 cs de crème fraîche
1 pincée de muscade
4 œufs
100 g de parmesan
sel et poivre

Eplucher, laver et couper les carottes en gros morceaux, laver les épinards.

Faire cuire séparément à l'eau bouillante salée, bien égoutter et réduire en purée.

Préparer une béchamel épaisse : faire fondre le beurre, ajouter la farine en pluie puis le lait et la crème.

Incorporer une moitié de la béchamel à chaque purée.

Dans une terrine, battre les œufs avec le parmesan, le sel, le poivre, la muscade. Incorporer par moitié aux deux purées.

Remplir un moule à cake en alternant les deux couches de purées de légumes.

Faire cuire au bain-marie au four, thermostat 180°C, pendant 1 h environ.

Potée aux carottes (Allemagne)

Préparation : 20 min

Cuisson : 1 h 30

Ingrédients

800 g de carottes
200 g de céleri-rave
200 g de chou blanc
200 g bœuf dans le gîte
200 g d'épaule de veau
200 g de porc dans l'échine
4 oignons
persil
1 pointe de muscade
50 cl de bouillon de bœuf
sel et poivre

Eplucher les légumes, les laver et les couper en morceaux.

Tailler la viande en morceaux, saler, poivrer.

Dans une cocotte allant au four, déposer la viande et les légumes en couches alternées.

Verser le bouillon, ajouter le persil et la muscade.

Mettre au four et faire cuire 1 h 15 à 1 h 30 à four doux, thermostat 140°C.

Filet de saumon et purée de carottes

Préparation : 40 min

Cuisson : 20 min

Ingrédients

1 kg de carottes
4 filets de saumon
2 cs de vinaigre
1 citron
50 g de beurre
4 cc de raisins secs
1 pincée de gingembre
en poudre
sel et poivre

Eplucher les carottes, les couper en morceaux et les faire cuire 5 min à la cocotte-minute.

Passer au moulin à légumes en ajoutant le jus de citron, le sel, le poivre et réserver.

Déposer les filets de saumon dans quatre carrés de papier d'aluminium et former des papillotes. Saler, poivrer et faire cuire 10 min au four, thermostat 200°C.

Faire fondre le beurre et ajouter les épices, le vinaigre et les raisins secs préalablement macérés dans l'eau tiède et égouttés.

Verser sur les filets de poisson, remettre au four pendant 5 min et servir avec la purée de carottes.

Dorade aux carottes (Maroc)

Préparation : 20 min

Cuisson : 35 à 40 min

Ingrédients

800 g de carottes
1 dorade
3 gousses d'ail
1 cc de paprika
1/2 cc de curcuma
1 jus de citron
1/2 citron confit
1 filet d'huile d'olive
persil
1 bouquet de coriandre
sel et poivre

Eplucher les carottes, les couper en gros bâtonnets et réserver.
Laver le poisson, ôter la tête et découper en tranches épaisses. Faire mariner dans le jus de citron pendant 15 min environ.
Dans une cocotte, déposer les carottes. Parsemer de persil et d'ail dégermé et émincé. Arroser avec un filet d'huile d'olive, ajouter le paprika et le curcuma. Recouvrir d'eau, faire bouillir et laisser cuire 20 min.
Placer les morceaux de poisson puis les tranches de citron confit.
Laisser cuire à feu très doux pendant 15 à 20 min.

Citrons confits

Fendre les citrons en quatre sans détacher les morceaux. Insérer du gros sel et laisser dégorger quelques heures. Essuyer les citrons et les placer dans un bocal en les recouvrant d'huile d'olive. Laisser macérer dans un endroit frais au moins une semaine avant de les utiliser.

Potée aux carottes (Arménie)

Préparation : 40 min

Cuisson : 1 h

Ingrédients

500 g d'agneau à braiser
6 carottes
4 gousses d'ail
25 cl de bouillon de bœuf
1 feuille de laurier
100 g de haricots verts
2 pommes de terre
2 branches de céleri
1 courgette
1 aubergine
1 oignon
1/2 poivron rouge
1/2 poivron vert
100 g de petits pois
2 cs d'huile d'olive
sel et poivre

Dans une cocotte, faire revenir la viande en morceaux dans 1 cs d'huile puis réserver.
Eplucher et laver tous les légumes. Faire chauffer le reste d'huile dans la cocotte et y faire revenir l'ail dégermé et coupé en petits morceaux. Ajouter le bouillon, le laurier, le sel, le poivre et faire bouillir.
Incorporer les légumes et la viande.
Couvrir et mettre au four pendant 50 min à 1 h, thermostat 180°C, jusqu'à ce que les légumes soient tendres.

Filets de poisson à la julienne de carottes

Préparation : 35 min

Cuisson : 25 min

Ingrédients

4 filets de cabillaud (ou autre poisson blanc)
600 g de carottes
200 g de poireaux
2 cs de crème liquide
10 g de beurre
1 filet d'huile d'olive
1 citron
persil
sel et poivre

Eplucher et laver les légumes puis râper les carottes et couper les blancs de poireaux en rondelles.
Beurrer un plat à gratin et y déposer les légumes. Ajouter un filet d'huile d'olive et faire cuire au four, thermostat 180°C, pendant 15 min.
Verser la crème sur les légumes puis poser les filets de poisson dessus.
Saler, poivrer, parsemer de quelques noisettes de beurre et arroser d'un jus de citron.
Mettre au four pendant 10 à 12 min et saupoudrer de persil avant de servir.

Poulet au cidre et aux carottes

Préparation : 35 min

Cuisson : 1 h

Ingrédients

1 poulet
800 g de carottes
2 oignons
75 cl de cidre
1 pomme
1 branche de thym
1 feuille de laurier
1 cc de coriandre en grains
2 cs d'huile d'olive
sel et poivre

Eplucher, laver et couper les carottes en rondelles. Découper le poulet en morceaux.
Dans une cocotte, faire revenir les oignons émincés et le poulet dans l'huile d'olive. Saupoudrer de grains de coriandre écrasés, ajouter le thym et le laurier et mouiller avec le cidre. Saler et poivrer.
Ajouter les carottes et laisser mijoter à couvert pendant 1 h à feu très doux.
15 min avant la fin de la cuisson, ajouter la pomme coupée en quartiers.
En fin de cuisson, ôter le couvercle pour faire épaissir un peu la sauce.

Gratin de carottes et de courgettes
(Etats-Unis)

Préparation : 20 min

Cuisson : 40 min

Ingrédients

600 g de carottes
400 g de courgettes
2 oignons
4 œufs
50 g de farine
50 g de chapelure
1/2 sachet de levure
un peu de persil
30 g de beurre
sel et poivre

Eplucher, laver et râper les carottes et les courgettes. Bien presser pour ôter toute l'eau.

Dans une cocotte, faire revenir les oignons émincés dans le beurre chaud. Réserver.

Dans une terrine, battre les œufs puis ajouter les légumes, les oignons, la chapelure, la farine, la levure, le sel et le poivre.

Verser dans un plat à gratin et faire cuire 35 à 40 min au four, thermostat 170°C.

Parsemer de persil ciselé et servir.

Veau aux carottes

Préparation : 30 min

Cuisson : 50 min

Ingrédients

1 kg d'épaule de veau
800 g de carottes
2 oignons
2 tomates
2 cs d'huile d'olive
3 dl de bouillon de bœuf
1 cc de paprika
sel et poivre

Couper la viande en gros cubes.

Eplucher les carottes, les laver et les couper en bâtonnets.

Peler les tomates (après les avoir ébouillantées) et les couper en quartiers.

Dans une cocotte, faire revenir dans l'huile les oignons émincés et le veau en morceaux.

Saupoudrer de paprika, saler, poivrer et laisser cuire pendant 5 min environ.

Ajouter les carottes, les tomates puis recouvrir de bouillon de bœuf. Couvrir, et faire cuire à feu doux pendant 45 min.

Le petit plus

Ce plat est encore meilleur réchauffé.

Sauté de veau aux carottes et au cumin

Préparation : 30 min

Cuisson : 1 h 30

Ingrédients

1 kg d'épaule de veau
800 g de carottes
2 oignons
2 cs d'huile d'olive
10 cl de vin blanc
1 citron
1 cs de beurre
1 cs de bouillon de volaille en poudre
1 cc de miel
1 cc de cumin en graines
1 feuille de laurier
2 branches de thym
sel et poivre

Couper la viande en gros cubes.

Eplucher les carottes, les laver et les couper en rondelles assez épaisses.

Faire chauffer l'huile dans une cocotte et y faire revenir le veau en morceaux.

Saupoudrer de bouillon, ajouter le jus de citron, le vin, le thym et le laurier. Saler, poivrer, ajouter un peu d'eau et faire mijoter à feu très doux pendant 45 min (ajouter un peu d'eau si besoin en cours de cuisson).

Dans une sauteuse, faire chauffer le beurre et, dès qu'il est chaud, y jeter les carottes et les oignons émincés. Ajouter le cumin, le miel et un peu d'eau. Faire cuire jusqu'à ce que les carottes soient tendres (environ 30 min).

Ajouter les carottes dans la cocotte et laisser cuire encore 15 min à petit feu.

Tofu aux carottes

Préparation : 30 min

Cuisson : 20 min

Ingrédients

600 g de carottes
1 poivron
1 courgette
500 g de tofu
2 échalotes
3 cs d'huile
un peu de persil
sel et poivre

Eplucher les carottes et les courgettes, les laver et les couper en rondelles.

Passer le poivron au grill du four puis enlever la peau et le couper en petits morceaux.

Faire chauffer la moitié de l'huile dans une poêle et y faire revenir tous les légumes pendant 15 min.

Dans une autre poêle, faire chauffer le reste de l'huile et y faire revenir les échalotes émincées et le tofu coupé en dés pendant 5 min.

Ajouter alors le contenu de la première poêle, saler, poivrer, parsemer de persil et servir.

Légumes

Gratin de carottes

Préparation : 20 min

Cuisson : 30 min

Ingrédients

1 kg de carottes
1 échalote
1 cs de crème fraîche
1 jaune d'œuf
quelques feuilles de
persil et de cerfeuil
sel et poivre

Eplucher et laver les carottes puis les couper en rondelles. Faire cuire 10 min à l'autocuiseur.
Emincer l'échalote.
Dans un bol, mélanger l'œuf avec la crème, le persil, le cerfeuil. Saler et poivrer.
Déposer les carottes et l'échalote émincée au fond d'un plat à gratin et verser la préparation œuf-crème.
Faire cuire 20 min à four chaud.

Carottes glacées au cidre

Préparation : 15 min

Cuisson : 20 min

Ingrédients

800 g de carottes
1 cs de beurre
15 cl de cidre
4 cs de bouillon de
légumes
1 cc de moutarde
1 cc de sucre
un peu de persil
sel et poivre

Eplucher les carottes et les tailler en julienne.
Faire sauter les légumes dans le beurre pendant 5 min environ. Saler et poivrer.
Ajouter le sucre et bien remuer pour faire caraméliser.
Verser le cidre et le bouillon, puis ajouter la moutarde et laisser cuire 15 min à couvert.
Parsemer de persil.

Carottes à la polonaise

Préparation : 10 min

Cuisson : 15 min

Ingrédients

800 g de carottes
1 cs de beurre
1/2 verre d'eau
1 cs de farine
1 cc de sucre
sel et poivre

Eplucher et laver les carottes puis les couper en cubes ou en bâtonnets.
Les déposer dans une casserole et recouvrir d'eau froide.
Ajouter le beurre, le sel, le poivre et le sucre.
Faire cuire 10 min environ, jusqu'à ce que les carottes soient à moitié cuites.
Dans un bol, mélanger l'eau et la farine pour obtenir un mélange lisse.
Retirer les carottes du feu et verser ce mélange sur les carottes.
Faire cuire à feu doux 5 min.

Purée de carottes et de pommes de terre

Préparation : 15 min

Cuisson : 30 min

Ingrédients

700 g de carottes
400 g de pommes de terre
1 tablette de bouillon de légumes
1 gousse d'ail
2 branches de thym
1 branche de céleri
1 filet d'huile d'olive
sel et poivre

Eplucher et laver les carottes et les pommes de terre puis les couper en morceaux.
Les plonger dans un grand volume d'eau bouillante additionnée d'un bouillon de légumes, de céleri et de thym.
Ajouter la gousse d'ail, saler, poivrer et faire cuire 30 min environ.
Bien égoutter, ôter l'ail et le thym.
Passer au moulin à légumes et ajouter un filet d'huile d'olive.

Tagliatelles aux carottes

Préparation : 30 min

**Cuisson : 5 min +
3 min**

Ingrédients

5 carottes
1 oignon
250 g de tagliatelles
fraîches
1 filet d'huile d'olive
sel et poivre

Peler les carottes et les laver avant de les couper en lanières à l'aide d'un économe. Emincer l'oignon.
Porter de l'eau à ébullition et y jeter les carottes. Faire cuire 5 min.
Faire chauffer l'huile dans une poêle et y faire revenir l'oignon puis ajouter les carottes égouttées. Laisser mijoter quelques instants. Saler, poivrer.
Porter de l'eau à ébullition et y faire cuire les tagliatelles pendant 3 min. Egoutter, verser dans un plat, ajouter un filet d'huile d'olive puis le mélange aux carottes. Servir sans attendre.

Variante

Faire griller des pistaches à sec et les ajouter au dernier moment.

Jeunes carottes confites au marsala (Italie)

Préparation : 15 min

Cuisson : 20 à 25 min

Ingrédients

2 bottes de carottes
nouvelles
2 gousses d'ail
1 cc de sucre
2 cs d'huile d'olive
2 cs de marsala
sel et poivre

Gratter les carottes et les laver.
Faire chauffer l'huile dans une poêle et y faire revenir les carottes en gros morceaux. Ajouter l'ail écrasé.
Couvrir d'eau et laisser cuire à couvert jusqu'à ce que toute l'eau s'évapore. Saler, poivrer.
Enlever le couvercle, saupoudrer de sucre et faire cuire à feu vif pour bien faire caraméliser. Ajouter alors le marsala et laisser cuire encore quelques minutes.

Purée de carottes et d'aubergines

Préparation : 15 min

Cuisson : 10 min

Ingrédients

500 g de carottes
500 g d'aubergines
1 gousse d'ail
1 filet d'huile d'olive
1 cs de crème
sel et poivre
persil

Eplucher les carottes et les aubergines, les laver et les couper en gros morceaux.

Faire cuire dans le panier de l'autocuiseur pendant 10 min.

Passer l'ail dégermé au mixeur et ajouter les légumes pour obtenir une purée bien homogène.

Assaisonner de sel et de poivre et incorporer la crème puis l'huile d'olive.

Parsemer de persil ciselé avant de servir bien chaud.

Variante

Faire cuire les légumes à l'eau bouillante additionnée d'un bouillon de poule et bien égoutter avant de mixer.

Carottes à la crème (Pologne)

Préparation : 15 min

Cuisson : 25 min

Ingrédients

800 g de carottes
2 cc de beurre
1 cc de sucre
1/4 de litre de bouillon
de légumes
2 cs de crème
2 cs de persil ciselé
sel et poivre

Eplucher, laver et couper les carottes en lamelles.
Faire fondre le beurre dans une casserole, ajouter le sucre et laisser chauffer quelques instants.
Mettre les carottes en lamelles sur le sucre et mélanger soigneusement. Saler et poivrer.
Verser le bouillon de légumes et faire cuire 25 min à feu doux et à couvert. Rajouter de l'eau si besoin pour que les carottes n'accrochent pas.
Oter le couvercle et laisser évaporer l'eau.
Incorporer la crème aux carottes et saupoudrer de persil.

Carottes flamandes

Préparation : 20 min

Cuisson : 20 à 25 min

Ingrédients

800 g de carottes
20 g de beurre
1 cs de farine
1 sucre
sel et poivre

Eplucher et couper les carottes en rondelles.
Si les carottes sont jeunes, les faire fondre directement dans le beurre et laisser cuire pendant 10 min environ.
S'il s'agit de carottes d'hiver, les faire cuire 5 min à l'eau bouillante puis égoutter et remettre dans la casserole avec le beurre.
Saupoudrer de farine, ajouter un verre d'eau et le sucre. Saler et poivrer, puis faire réduire à couvert et à feu doux jusqu'à ce que les carottes soient tendres et qu'elles s'enrobent d'une sorte de sirop.

Légumes sautés (Vietnam)

Préparation : 20 min

Cuisson : 35 min

Ingrédients

6 carottes
1 courgette
1 branche de céleri
100 g de germes de soja
100 g de brocolis
1 à 2 gousses d'ail
1 oignon
1 cs de bouillon de volaille en poudre
1 cc de gingembre
1 cs de sauce de soja
2 cs d'huile

Laver et éplucher les légumes ; couper les carottes en julienne, les brocolis en petits bouquets, les courgettes et le céleri en petits morceaux.
Faire chauffer l'huile dans une poêle et y faire revenir l'oignon émincé, l'ail et le gingembre.
Ajouter les carottes, les brocolis, la courgette et le céleri. Laisser cuire 5 min.
Incorporer alors le bouillon de volaille puis laisser cuire jusqu'à ce que les légumes soient tendres (environ 30 min).
Incorporer les germes puis la sauce de soja en fin de cuisson.

Le petit plus
Servir avec du vermicelle de riz.

Carottes aux raisins secs

Préparation : 20 min

Cuisson : 30 min

Ingrédients

1 kg de carottes
50 g de raisins secs
10 g de beurre ou 1 cs d'huile d'olive
1 cs de bouillon de volaille en poudre
sel et poivre

Eplucher et laver les carottes avant de les couper en rondelles.
Faire macérer les raisins secs dans l'eau tiède pendant 30 min et bien les égoutter.
Dans une poêle, faire chauffer le beurre (ou l'huile) et y faire revenir les carottes pendant quelques minutes. Incorporer les raisins et le bouillon de volaille. Saler modérément et poivrer. Recouvrir d'eau et laisser mijoter pendant 30 min jusqu'à ce que les légumes soient bien tendres.

Carottes épicées (Afrique)

Préparation : 20 min

Cuisson : 25 min

Ingrédients

800 g de carottes
1 cs d'huile d'olive
1 cc de cumin en grains
1 cc de sauce harissa
sel et poivre

Eplucher et laver les carottes puis les couper en bâtonnets.
Dans une casserole, mettre les carottes, l'huile, le cumin, l'harissa et le sel.
Faire cuire à feu moyen pendant 20 à 35 min (selon que les carottes sont plus ou moins jeunes) en mélangeant de temps en temps.
Servir lorsque les carottes sont bien tendres.

Curry de carottes (Inde)

Préparation : 20 min

Cuisson : 30 min

Ingrédients

600 g de carottes
1 courgette
1 aubergine
1 branche de céleri
1 oignon
100 g de noix de coco (facultatif)
1 cc de cumin
1 cc de gingembre frais
1 cc de coriandre en poudre
1 cc de curcuma
2 gousses de cardamome
30 g de beurre
sel et poivre

Eplucher, laver et couper les légumes en petits morceaux.
Mixer la noix de coco avec 30 cl d'eau bouillante jusqu'à obtenir une sorte de purée.
Ouvrir les gousses de cardamome et en extraire les graines puis, dans une sauteuse, faire fondre le beurre et y faire revenir l'oignon émincé et l'ail haché. Ajouter toutes les épices puis faire cuire quelques instants avec un peu d'eau. Saler et poivrer.
Ajouter les légumes, bien mélanger pour les imprégner et porter à ébullition. Ajouter alors la purée de noix de coco et porter à ébullition.
Réduire le feu et laisser mijoter pendant 20 à 30 min selon la consistance désirée.

Carottes à la coriandre

Préparation : 10 min

Cuisson : 20 min

Ingrédients
800 g de carottes
1 cc de bouillon de
volaille en poudre
1 cc de curcuma
20 graines de
coriandre
1 gousse d'ail
2 cs d'huile d'olive
sel et poivre

Eplucher et laver les carottes avant de les couper en rondelles.
Faire chauffer l'huile d'olive dans une poêle et y faire revenir les carottes.
Ajouter l'ail dégermé et émincé.
Saupoudrer de bouillon de volaille, de curcuma et de graines de coriandre écrasées.
Saler, poivrer, couvrir d'eau et laisser mijoter jusqu'à ce que les carottes soient tendres.

Riz parfumé à la carotte (Inde)

Préparation : 20 min

Cuisson : 20 min

Ingrédients
200 g de carottes
160 g de riz indien
30 g de noix de cajou
1 bâton de cannelle
2 gousses de
cardamome
2 pincées de safran
2 cs d'huile
sel et poivre

Eplucher, laver et couper les carottes en rondelles.
Ouvrir les gousses de cardamome et en extraire les graines. Dans une cocotte, faire chauffer l'huile et y faire revenir les épices pendant une minute.
Ajouter le riz puis, lorsqu'il est translucide, les carottes et les noix de cajou.
Saler, poivrer, mouiller avec de l'eau et faire bouillir.
Après ébullition, baisser le feu et laisser mijoter 20 min.

Carottes au boulgour

Préparation : 20 min

Cuisson : 25 min

Ingrédients

6 carottes
180 g de boulgour
1 oignon
20 graines de
coriandre
2 cs d'huile d'olive
sel et poivre

Eplucher et laver les carottes avant de les couper en rondelles.

Faire dorer l'oignon émincé dans l'huile d'olive en remuant sans cesse.

Incorporer les carottes et les faire saisir en remuant pour qu'elles n'attachent pas.

Baisser le feu et laisser cuire 10 min environ en mélangeant de temps en temps.

Incorporer le boulgour et remuer pendant une minute.

Faire bouillir une grande quantité d'eau (2 fois le volume de boulgour). Verser l'eau bouillante sur le boulgour en remuant. Saler, poivrer, ajouter la coriandre écrasée et faire cuire 15 min à feu doux jusqu'à ce que toute l'eau soit absorbée.

Variante

Remplacer l'oignon par un blanc de poireau finement émincé.

Riz aux carottes (Maroc)

Préparation : 20 min

Cuisson : 25 min

Ingrédients

800 g de carottes
150 g de riz
1 pincée de muscade
1 pincée de cannelle
1 cc de curcuma
persil
1 cc de sucre
(facultatif)
2 cs d'huile d'olive
sel et poivre

Eplucher, laver et couper les carottes en rondelles.
Les faire revenir 5 min dans l'huile d'olive en ajoutant éventuellement une pincée de sucre.
Recouvrir d'eau bouillante (2 fois le volume de riz), ajouter les épices puis le riz. Saler, poivrer et faire cuire 20 min à feu doux.
Parsemer de persil ciselé avant de servir.

Carottes au parmesan

Préparation : 20 min

Cuisson : 20 min

Ingrédients

800 g de carottes
50 g de parmesan
2 cs d'huile d'olive
sel et poivre

Eplucher et couper les carottes en rondelles.
Dans une casserole, faire chauffer l'huile et y faire revenir les carottes.
Mouiller à hauteur avec de l'eau, saler, poivrer et faire mijoter pendant 20 min environ jusqu'à ce que l'eau soit évaporée.
En fin de cuisson, incorporer le parmesan en copeaux et servir.

Carottes au safran

Préparation : 20 min

Cuisson : 20 min

Ingrédients

800 g de carottes
quelques filaments de safran
1/2 verre de bouillon de légumes
1 cs d'huile
sel et poivre

Eplucher, laver et couper les carottes en julienne.

Faire chauffer l'huile dans une casserole puis y faire revenir les carottes quelques instants. Ajouter le bouillon et le safran.

Porter à ébullition, saler, poivrer, puis laisser cuire à couvert 10 min. Retirer le couvercle et faire cuire encore quelques minutes jusqu'à ce que les carottes soient bien tendres et qu'il ne reste presque plus de liquide.

Variante

Ajouter des navets coupés en julienne.

Carottes à l'huile (Liban)

Préparation : 20 min

Cuisson : 20 min

Ingrédients

800 g de carottes
4 gousses d'ail
2 citrons
1 cs de menthe ciselée
1 cs d'huile
sel et poivre

Eplucher, laver et couper les carottes en rondelles.

Faire cuire dans deux verres d'eau à feu moyen et à couvert pendant 20 min environ.

Ecraser l'ail dégermé avec le sel, la menthe et l'huile.

Verser ce mélange sur les carottes. Couper les citrons en quartiers et les déposer sur le plat.

Servir chaud ou tiède.

Carottes et quinoa

Préparation : 20 min

Cuisson : 20 min

Ingrédients

600 g de carottes
150 g de quinoa
1 oignon
1 branche de thym
quelques feuilles de persil
sel et poivre

Eplucher, laver et râper les carottes.
Dans une casserole, faire cuire l'oignon émincé dans 2 cuillerées d'eau pendant 5 min.
Ajouter les carottes puis le quinoa.
Saler, poivrer, parsemer de thym puis recouvrir d'eau froide (1,5 à 2 fois le volume de quinoa).
Laisser cuire à couvert et à feu doux pendant 15 min jusqu'à ce que le quinoa ait absorbé tout le liquide.
Servir bien chaud avec du persil ciselé et un filet d'huile d'olive.

Purée de carottes et de potiron (Canada)

Préparation : 20 min

Cuisson : 20 min

Ingrédients

400 g de carottes
400 g de potiron
1 zeste d'orange
1 pincée de muscade
1 cs de crème
1/2 litre de bouillon de volaille
sel et poivre

Eplucher, laver les carottes et le potiron et les couper en cubes.
Verser le bouillon dans une casserole ; ajouter les légumes et faire bouillir.
Laisser mijoter 20 min jusqu'à ce que les légumes soient tendres et aient absorbé une grande partie du bouillon.
Bien égoutter et réduire en purée.
Incorporer le zeste d'orange, le sel, le poivre, la muscade, la crème et servir.

Carottes au four (Canada)

Préparation : 15 min

Cuisson : 25 min

Ingrédients

800 g de carottes
4 petits oignons
2 cs de beurre
1 cc de sucre
sel et poivre

Eplucher, laver et râper les carottes. Mélanger avec les oignons émincés, le beurre et le sucre. Saler et poivrer. Déposer le tout dans un plat à four bien beurré et mettre au four, thermostat 180°C, en recouvrant d'une feuille de papier d'aluminium. Laisser cuire 25 min.

Carottes au cognac (Italie)

Préparation : 15 min

Cuisson : 25 min

Ingrédients

800 g de carottes
5 cl de cognac
50 g de beurre
1 cc de sucre
quelques feuilles de persil
sel et poivre

Eplucher, laver et couper les carottes en rondelles.
Faire chauffer le beurre dans une cocotte et y verser les carottes avec le sel, le poivre et le sucre ; faire cuire à feu doux (en ajoutant un peu d'eau pour que les carottes n'accrochent pas) pendant 20 min.
Augmenter le feu et faire caraméliser.
Dans une autre casserole, faire chauffer le cognac, flamber puis arroser les carottes. Faire cuire à feu doux pendant 5 min et parsemer de persil avant de servir.

Carottes et oignons glacés (Allemagne)

Préparation : 15 min

Cuisson : 20 min + 15 min

Ingrédients

600 g de carottes
500 g d'oignons
30 g de beurre
10 g de sucre
15 cl de bouillon de légumes
10 cl de fond de veau
quelques feuilles de persil
sel et poivre

Eplucher, laver et couper les carottes en bâtonnets.

Dans une casserole, faire chauffer le beurre avec 10 g de sucre et le sel puis ajouter les carottes.

Arroser avec le bouillon de légumes, saler, poivrer et laisser mijoter pendant 20 min.

Dans une autre casserole, faire cuire les oignons émincés dans le beurre puis ajouter l'eau et le fond de veau et faire cuire jusqu'à évaporation du liquide (15 min environ).

Mélanger les carottes et les oignons, parsemer de persil ciselé et servir.

Tsimes (Israël)

Préparation : 15 min

Cuisson : 20 min

Ingrédients

800 g de carottes
4 cl d'huile
15 cl d'eau
2 cc de sucre
sel et poivre

Eplucher, laver et couper les carottes en rondelles.

Les déposer dans une casserole avec l'huile et 15 cl d'eau. Ajouter le sucre, le sel et le poivre puis porter à ébullition.

Baisser le feu et laisser cuire doucement à couvert pendant 20 min jusqu'à ce que les carottes soient tendres.

Ce plat est souvent servi comme garniture lors des fêtes et notamment au Nouvel An.

Carottes sautées (Thaïlande)

Préparation : 10 min

Cuisson : 15 min

Ingrédients

800 g de carottes
3 cs d'huile
3 cs de sauce de soja
1 cc d'huile de sésame
1 cs de graines de
sésame
1 gousse d'ail
sel et poivre

Eplucher, laver et couper les carottes en rondelles.
Faire chauffer l'huile dans une poêle et y faire revenir l'ail dégermé et haché pendant une minute sans faire colorer.
Ajouter les carottes et laisser cuire 2 min puis verser la sauce soja et l'huile de sésame. Saler et poivrer.
Faire cuire pendant 15 min ; les carottes doivent rester un peu croquantes. Ajouter un peu d'eau au cours de la cuisson pour que les carottes n'attachent pas.
En fin de cuisson, parsemer de graines de sésame.

Gratin de carottes (Finlande)

Préparation : 20 min

Cuisson : 30 min

Ingrédients

800 g de carottes
150 g de riz
25 g de beurre
25 cl de lait
4 œufs
1 pincée de muscade
chapelure
sel et poivre

Faire cuire le riz dans une grande quantité d'eau additionnée d'un peu de lait (10 cl) puis égoutter.
Eplucher, laver et râper les carottes.
Mélanger le riz aux carottes et y ajouter le reste du lait, les œufs battus, la moitié du beurre fondu et la muscade. Saler et poivrer.
Verser cette préparation dans un plat à four, saupoudrer de chapelure et de quelques noix de beurre puis faire gratiner au four, thermostat 180°C, pendant 30 min environ.

Desserts

Gâteau aux carottes et aux noisettes
(Allemagne)

Pour 6 personnes

Préparation : 30 min

Cuisson : 40 min

Ingrédients

250 g de carottes râpées
2 œufs
80 g de sucre
50 g de farine
125 g de noisettes en poudre
12 cl d'huile
50 g de beurre
1 sachet de levure
1/4 verre de lait
1 pincée de bicarbonate
1 pincée de sel

Cette recette, que l'on croit souvent originaire des Etats-Unis, a en réalité été importée par les pionniers allemands...

Battre les œufs entiers avec le sucre et faire blanchir.

Ajouter l'huile, le beurre fondu, le lait, la farine, le bicarbonate, la levure, les noisettes.

Incorporer les carottes râpées et une pincée de sel.

Verser dans un moule à manqué et faire cuire 40 min au four, thermostat 170°C.

Biscuit aux carottes (Angleterre)

Préparation : 30 min

Cuisson : 40 min

Ingrédients

300 g de carottes
3 œufs
125 g de noisettes en poudre
70 g de sucre
1 citron
50 g de farine
50 g de beurre fondu
1/2 yaourt
20 g de crème liquide
1 pincée de bicarbonate
1/2 sachet de levure

Une version légèrement différente de la recette allemande...
Eplucher les carottes, les laver et les râper.
Battre les jaunes d'œuf avec le sucre jusqu'à ce que le mélange blanchisse. Ajouter le zeste de citron, les carottes râpées, les noisettes et la farine.
Incorporer le beurre fondu, le yaourt et la crème.
Battre les blancs en neige et les incorporer au mélange.
Verser dans un moule à manqué et faire cuire 40 min au four, thermostat 170°C.

Confiture de carottes râpées (Algérie)

Préparation : 30 min

Cuisson : 45 min

Ingrédients

1 kg de carottes
1 kg de sucre
1 citron

Eplucher les carottes, les laver et les râper puis faire cuire à l'eau bouillante pendant 5 min environ.
Dans une casserole, faire cuire 1 kg de sucre avec le jus de citron, 1/2 l d'eau et le citron coupé en rondelles. En cours de cuisson, ajouter les carottes et faire mijoter à feu doux jusqu'à ce que les carottes soient translucides.
Mettre en pot.

Gâteau aux carottes

Préparation : 30 min

**Cuisson : 30 min +
35 min**

Ingrédients

350 g de carottes
3 œufs
80 g de sucre
1 yaourt
50 g de fécule
70 g de farine
50 g de beurre
1/2 sachet de levure
1 cs de fleur d'oranger
1 cs de Grand Marnier
1 orange
1 peu de sucre glace

Eplucher les carottes, les laver et les faire cuire à l'eau bouillante pendant 30 min environ.

Laver l'orange, prélever le zeste et la presser pour recueillir le jus. Réserver une partie du zeste pour la décoration (découper en fines lanières).

Mixer et faire dessécher les carottes sur le feu sans cesser de mélanger.

Ajouter le yaourt, la fécule, la farine, la levure, le zeste et le jus de l'orange, le sucre, les jaunes d'œuf, le Grand Marnier, la fleur d'oranger et le beurre.

Battre les blancs en neige et les incorporer au mélange.

Verser dans un moule à manqué et faire cuire 35 min au four, thermostat 180°C.

Démouler, saupoudrer de sucre glace et décorer avec les zestes d'orange.

Le petit plus

Pour la décoration, faire confire les zestes d'orange dans le sirop.

Gâteau aux carottes et aux amandes (Suisse)

Préparation : 20 min

Cuisson : 35 min

Ingrédients
- 200 g de carottes
- 125 g d'amandes en poudre
- 80 g de sucre
- 50 g de beurre
- 2 œufs
- 75 g de farine
- 1 citron ou 1 orange
- 1 cc de levure
- 1 pincée de cannelle
- 1 cs d'extrait d'amande amère

Eplucher et laver les carottes puis les râper.

Prélever une cuillère à soupe de zeste.

Battre les jaunes d'œuf avec le sucre et le zeste pour faire blanchir.

Ajouter les carottes râpées, les amandes, puis la farine, le beurre fondu, la levure, la cannelle et l'extrait d'amande amère.

Battre les blancs en neige et les incorporer à la préparation.

Verser dans un moule à manqué puis faire cuire 35 min au four, thermostat 180°C.

Variante

Préparer un glaçage en mélangeant 2 cs de confiture d'abricot tiédie avec un jus de citron et badigeonner le gâteau.

Tarte aux carottes et au miel

Préparation : 30 min

Cuisson : 35 min

Ingrédients

500 g de carottes
1 pâte feuilletée
50 g d'amandes
effilées
2 œufs
1 citron
1 orange
20 g de beurre
15 cl de crème
2 cc de miel
gingembre frais
1 pincée de sel

Eplucher et laver les carottes puis les râper.

Prélever le zeste de l'orange et réserver.

Dans une poêle, faire fondre le beurre, ajouter les carottes, une pincée de sel et le miel et faire cuire pendant 5 min.

Ajouter les jus d'orange et de citron, le zeste, une pincée de gingembre et faire cuire jusqu'à ce que le liquide soit évaporé.

Battre les œufs et y ajouter la crème, les carottes et les amandes préalablement grillées.

Foncer un moule à tarte avec la pâte et étaler la préparation aux carottes.

Faire cuire environ 30 min au four, thermostat 180°C.

Flans de carottes

Préparation : 20 min

Cuisson : 45 min

Ingrédients

300 g de carottes
2 œufs
1 orange
1/2 gousse de vanille
100 g de crème
15 cl de lait
2 sachets de sucre vanillé
1 pincée de cannelle

Eplucher et laver les carottes puis les couper en rondelles.

Dans une casserole, mettre les carottes et verser le jus de l'orange.

Ajouter le sucre vanillé, la cannelle, gratter la gousse de vanille au-dessus de la casserole, verser un peu d'eau puis faire cuire à couvert pendant 20 min jusqu'à ce que les carottes soient tendres et aient absorbé tout le liquide.

Hacher grossièrement.

Hors du feu, incorporer les œufs, le lait et la crème.

Verser dans des moules individuels et faire cuire 20 à 25 min au four, thermostat 150°C.

Variante

Ce plat peut également se proposer en entrée, en ajoutant sel et poivre.

Entremets aux carottes (Inde)

Préparation : 20 min

Cuisson : 40 min

Ingrédients

400 g de carottes
2 cs de beurre
2 cs d'amandes effilées
2 cs de semoule
2 cs de raisins secs
30 cl de lait
3 cs de sucre (ou moitié sucre, moitié miel)
4 gousses de cardamome

Eplucher, laver et râper les carottes. Faire tremper les raisins dans l'eau tiède pendant 1 h.

Dans une casserole, faire fondre 1 cs de beurre et y jeter les carottes ; faire cuire pendant 20 min à feu doux.

Dans une poêle, faire chauffer le reste du beurre et y faire cuire les amandes et la semoule pendant 5 min en remuant bien.

Dans une autre casserole, déposer les raisins égouttés avec le lait et le sucre. Porter à ébullition puis ajouter le contenu de la poêle ainsi que les carottes. Faire cuire à feu doux pendant 15 min. Ouvrir les gousses de cardamome, récupérer les graines, les écraser et les incorporer au mélange.

Répartir dans des coupes et réfrigérer pendant environ 1 h.

Conseil

Si la préparation vous semble trop liquide, ajouter un peu de semoule.

Petits gâteaux aux carottes (Inde)

Préparation : 15 min

Cuisson : 30 à 40 min

Ingrédients

500 g de carottes
50 g de raisins secs
40 g de beurre
20 g d'amandes
effilées
3 gousses de
cardamome
1 pincée de 4 épices
90 cl de lait
125 g de sucre
20 g de pistaches

Eplucher, laver et râper les carottes.
Faire chauffer le beurre dans une poêle, y déposer les carottes et ajouter le lait et le sucre.
Faire cuire pendant 20 à 30 min jusqu'à ce que les carottes aient absorbé tout le lait.
Ajouter les raisins secs puis faire cuire à feu moyen pendant 10 min en remuant régulièrement avec une cuillère en bois.
Ouvrir les gousses de cardamome, récupérer les graines et les écraser ; les incorporer hors du feu avec les autres épices.
Laisser refroidir et découper la pâte en carrés ou en losanges.
Décorer avec les amandes effilées ou les pistaches et servir tiède ou froid.

Boules aux carottes (Maroc)

Pour 40 boules

Préparation : 20 min

Cuisson : 45 min

Ingrédients

  1 kg de carottes
  60 g de sucre glace
  60 g de noix de coco
  200 g de sucre
  120 g d'eau
  1 cc de muscade
  1/2 cc de gingembre
  1/2 citron

Eplucher, laver et râper les carottes. Faire un sirop avec le sucre et l'eau, ajouter le jus de citron, le gingembre, la muscade, puis incorporer les carottes. Faire cuire environ 45 min. Laisser refroidir puis former des boules que l'on enrobera de noix de coco et de sucre glace.

Crème de carottes (Inde)

Préparation : 20 min

Cuisson : 40 min

Ingrédients

  700 g de carottes
  60 cl de lait
  100 g de beurre
  50 g de sucre
  2 cs de miel
  125 g d'amandes effilées
  quelques filaments de safran
  2 gousses de cardamome
  125 g de raisins secs

Eplucher, laver et râper les carottes. Les presser pour enlever le maximum d'eau.
Faire tremper le safran dans 1 cs de lait tiède.
Dans une casserole, mettre les carottes et le lait puis porter à ébullition. Faire mijoter à petit feu en remuant fréquemment pendant 30 min jusqu'à ce que le lait soit absorbé.
Ouvrir les gousses de cardamome, récupérer les graines et les écraser, ajouter le sucre, le miel, le beurre, les amandes, les raisins, la cardamome et le safran.
Laisser cuire 10 min en mélangeant bien.
Verser dans le plat de service et servir chaud ou tiède.

Gâteau aux carottes (cuisine kascher)

Préparation : 30 min

Cuisson : 40 min

Ingrédients

500 g de carottes
50 g d'amandes en poudre
100 g de sucre
3 œufs
50 g de farine
50 g de maïzena
1 zeste de citron
1 jus d'orange
2 cs de vin cuit
75 g de beurre

Eplucher et laver les carottes puis les râper.

Battre les jaunes d'œuf avec le sucre pour faire blanchir.

Ajouter le zeste de citron, le jus d'orange, le vin et le beurre fondu.

Incorporer la farine, la maïzena, les amandes et les carottes.

Battre les blancs en neige et les incorporer à la préparation.

Verser dans un moule à manqué puis faire cuire 40 min au four, thermostat 200°C.

Gâteau aux carottes et au chocolat

Préparation : 30 min

Cuisson : 35 min

Ingrédients

500 g de carottes
150 g de farine
100 g de sucre
1/2 sachet de levure
40 g de noix de coco
50 g de cacao
50 g de noisettes en poudre
1 pincée de muscade
1 pincée de cannelle
3 œufs
6 cl d'huile
6 cl de crème
5 cl de lait
125 g de chocolat
sucre glace

Eplucher et laver les carottes puis les râper.

Dans une terrine, mélanger la farine, le sucre, la levure et le sel puis ajouter le cacao, la cannelle et la muscade.

Incorporer les noisettes hachées et la noix de coco. Délayer avec les œufs, le lait, la crème et l'huile et bien mélanger.

Ajouter enfin le chocolat fondu et les carottes.

Verser dans un moule et faire cuire 35 min au four, thermostat 160°C.

Décorer avec du sucre glace.

Divers

Chutney de carottes

Préparation : 30 min

Cuisson : 45 min

Ingrédients

500 g de carottes
500 g de pommes
1 oignon
1 cs de curry
50 cl de vinaigre
200 g de sucre
sel

Délicieux en accompagnement de charcuteries.

Eplucher, laver et couper les carottes en bâtonnets et les pommes en morceaux.

Dans une casserole, mettre le vinaigre, les pommes, les carottes, le curry, le sucre, le sel, l'oignon émincé et porter à ébullition.

Laisser mijoter à feu très doux pendant 45 min en ajoutant de l'eau de temps à autre si la préparation attache au fond de la casserole.

Mettre en pot.

Variante

Ajouter quelques raisins secs.

Jus de carotte au miel (Egypte)

Préparation : 5 min

Pas de cuisson

Ingrédients

4 carottes
1 citron
1 orange
1 pomme
1 cs de miel
(facultatif)

Eplucher, laver et couper les carottes et les pommes en dés.

Placer le tout dans la centrifugeuse.

Ajouter le jus de citron et d'orange puis le miel.

Délicieux le matin pour être en forme toute la journée !

Carottes au vinaigre (Tunisie)

Préparation : 15 min

Cuisson : 5 min

Ingrédients

4 carottes
2 branches de céleri
200 g de chou-fleur
1 l de vinaigre
4 cs de sel

Laver les légumes. Eplucher les carottes, les couper en rondelles. Couper le céleri en morceaux et le chou-fleur en petits bouquets. Faire bouillir le vinaigre et le sel. Dans une terrine, mélanger les légumes avec le vinaigre. Transférer dans un bocal. Laisser reposer 5 jours au frais avant de consommer. Ces légumes marinés se conservent au réfrigérateur.

Variante
Ajouter le jus d'un demi-citron à la préparation.

Lait sucré à la carotte (Inde)

Préparation : 10 min

Cuisson : 20 min

Ingrédients

150 g de carottes
75 g de sucre
30 ml de beurre fondu
90 cl de lait
1 cc de graines de cardamome

Eplucher, laver et râper les carottes. Faire fondre le beurre dans une casserole et y jeter les carottes râpées. Faire cuire en remuant pour que les carottes n'attachent pas. Une fois les carottes translucides, ajouter le lait et le sucre puis faire bouillir. Laisser mijoter 15 min à feu doux puis incorporer la cardamome moulue. Filtrer et servir froid.

Confit de carottes

Préparation : 20 min

Cuisson : 30 à 40 min

Ce confit se mariera parfaitement avec de la charcuterie (un pâté de campagne notamment).

Ingrédients

600 g de carottes
1 orange
180 g de sucre ou cassonade
1 cs de Grand Marnier (facultatif)

Eplucher, laver et râper les carottes. Prélever le zeste de l'orange. Déposer les carottes et le zeste dans une casserole, recouvrir d'eau et faire cuire jusqu'à évaporation de l'eau.

Ajouter le sucre et laisser cuire à très petit feu jusqu'à évaporation du liquide, en mélangeant régulièrement.

En fin de cuisson, ajouter 1 cs de Grand Marnier pour parfumer.

Mettre dans un pot fermé et laisser au réfrigérateur.

Variante

Faire revenir les carottes dans un filet d'huile d'olive avant de les recouvrir d'eau.

Sauce aux carottes pour l'apéritif

Préparation : 20 min

Cuisson : 10 min

Ingrédients

3 carottes
1 oignon
2 oranges
1 cc de pâte de curry
15 cl de yaourt
1 citron
quelques gouttes de Tabasco
sel et poivre

Eplucher, laver et râper les carottes.
Prélever le zeste de l'orange.
Dans une casserole, mettre l'oignon émincé, les carottes, le zeste et le jus d'orange et le curry.
Porter à ébullition puis laisser mijoter pendant 10 min sur feu doux.
Mixer, laisser refroidir et incorporer le yaourt, 1 cs de jus de citron, le Tabasco, le sel et le poivre.
Servir en accompagnement de tortillas.

Achevé d'imprimer en Italie par
G. Canale & C. S.p.A. - Borgo S. Dalmazzo (CN)
pour le compte des Éditions Le Sureau.

Dépot légal troisième trimestre 2003